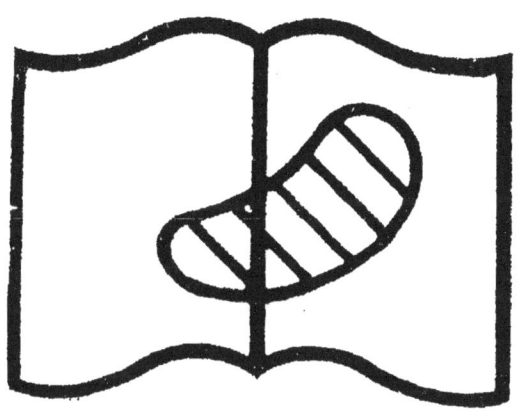

Illisibilité partielle

VALABLE POUR TOUT OU PARTIE DU DOCUMENT REPRODUIT.

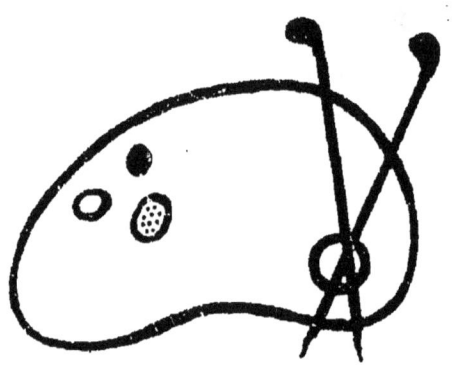

Original en couleur
NF Z 43-120-8

RÉCIT

DE LA

CONVERSION D'UN MINISTRE DE GONTAUD

(1629)

PUBLIÉ D'APRÈS LE SEUL EXEMPLAIRE CONNU

PAR

Philippe TAMIZEY DE LARROQUE

BORDEAUX

PAUL CHOLLET, LIBRAIRE-ÉDITEUR

53, COURS DE L'INTENDANCE, 53

1884

A Monsieur Léopold ...
cordial hommage
Ph. Tamizey de Larroque

RÉCIT

DE LA

CONVERSION D'UN MINISTRE DE GONTAUD

Extrait de la Revue de l'Agenais

Tiré à cent exemplaires

RÉCIT

DE LA

CONVERSION D'UN MINISTRE DE GONTAUD

(1629)

PUBLIÉ D'APRÈS LE SEUL EXEMPLAIRE CONNU

PAR

PHILIPPE TAMIZEY DE LARROQUE

BORDEAUX

PAUL CHOLLET, LIBRAIRE-ÉDITEUR

53, COURS DE L'INTENDANCE, 53

1884

RÉCIT

DE LA

CONVERSION D'UN MINISTRE DE GONTAUD.

(1629)

AVERTISSEMENT.

La petite pièce que l'on va lire est d'une telle rareté, que j'ai presque le droit de lui donner pour épigraphe ce vers d'Ovide :

Unica tunc volucris, nec visa prioribus annis.

Inconnue des éditeurs de la *Bibliothèque historique de la France*, de l'auteur du *Manuel du Libraire*, des rédacteurs du *Catalogue de la Bibliothèque Nationale*, cette pièce n'a passé dans aucune des ventes de notre temps ; elle manque aux plus riches collections de Paris et de la province ; elle n'a même jamais été rencontrée, malgré son origine bordelaise, par les plus fervents et les plus savants bibliophiles de Bordeaux, tels que M. l'Abbé Louis Bertrand, M. Gustave Brunet, M. Jules Delpit, M. Reinhold Dezeimeris.

La *Conversion du sieur de Remereville* (plaquette in-8º carré de 14 pages) fait partie d'un recueil factice d'opuscules divers imprimés dans la capitale de la Guyenne en 1628, 1629 et 1630. Ce bouquin, sur lequel, il y a quelques années, j'ai appelé l'attention des lecteurs de *la Revue d'Aquitaine*,[1] appartint jadis à M. de Billy ;[2] il

---

[1] *Un chapitre de bibliographie bordelaise* (tome X, 1865-66, p. 197-214). M. Gustave Brunet — j'en garde, après 16 années, un souvenir reconnaissant — jugea mon travail avec une extrême bienveillance dans *la Gironde* du 9 février 1866.

[2] On lit sur la première page du recueil : *Ex libris de Billy Catalogo ins-*

est aujourd'hui conservé dans mon humble cabinet : je le dois à la générosité de M. N. Laguionie, mon concitoyen, mon condisciple et mon ami.[1]

Le héros de notre relation était d'une vieille famille de Lorraine transplantée (1437) en Provence,[2] où plusieurs de ses membres devaient embrasser les doctrines de la Réforme. S'il faut en croire l'historien Boze,[3] disent MM. Haag (*France protestante*, tome VIII.) « C'est dans sa maison de François de Remerville, sieur de Saint-Quentin, que se tenaient, dès 1553, les assemblées religieuses des réformés d'Apt qui avaient fait venir de Genève un ministre nommé Jean de La Plante. Quelques années après, Pierre de Remerville combattit dans les rangs huguenots à Dreux, à Jarnac et à Moncontour, mais ajoute Boze, il eut tant de regret de s'être laissé séduire aux erreurs de Calvin, qu'il se jeta d'une extréminé dans l'autre, et devint ligueur obstiné.

---

criptis. S'agit-il là de cet amateur du XVIIIe siècle, possesseur d'une bibliothèque si bien composée, à en juger par le *Catalogue des livres du cabinet de feu M. de Chastre de Cangé de Billy, dont la vente se fera le mercredi, 24 novembre 1784, à l'hôtel Bullion* (Paris, Debure aîné, 1784, in-8°) ?

[1] Je pourrais ajouter mon collaborateur, ayant eu le plaisir de l'avoir pour adjoint, quand j'ai eu l'honneur d'être maire de la commune de Gontaud. Je disais, en tête du *Chapitre de bibliographie bordelaise*, déjà cité : « Je prie ceux de mes lecteurs qui, en qualité de bibliophiles, ont éprouvé quelquefois les ardentes convoitises de Tantale, je les prie, dis-je, de vouloir bien faire des vœux pour que le précieux volume de mélanges historiques qui m'a été prêté, reste en ma possession, et pour que, du libre consentement de celui qui est aujourd'hui l'heureux propriétaire, je puisse avec une orgueilleuse joie l'installer sur ce rayon de ma bibliothèque où sont réunis en trop petit nombre les vieux livres que l'on ne trouve plus. » Les vœux de mes lecteurs de 1865 ne tardèrent pas à être exaucés, et je leur souhaite, à mon tour, toute sorte de bonnes fortunes bibliographiques.

[2] Guillaume de Remerville suivit le roi René d'Anjou qui le nomma successivement conseiller et secrétaire d'Etat (1466), trésorier général des finances (1472), maître en la Cour des comptes d'Aix (1479). Après la mort de René, il se retira à Apt, et s'y maria (1484) avec Catherine de Corage, fille de Pierre de Corage et de Jeanne de Sade.

[3] L'abbé Jean-Jacques Boze, né le 4 mars 1760, mort le 22 juin 1840, a publié une *Histoire d'Apt* (Apt, 1813, in-8°), une *Histoire de l'église d'Apt* (Apt, 1820, in-8°), etc.

Dans la famille de Remerville il était de tradition, paraît-il, de changer de religion et surtout de ne point, en cela, faire les choses à demi, car un descendant du forcené ligueur, Pompée de Remerville fut d'abord moine, puis jeta le froc aux orties pour devenir ministre protestant; après avoir desservi différentes églises de l'Agenais, notamment l'église de Gontaud, il abjura le calvinisme, fut, comme apostat, excommunié, en 1631, par le synode national de Charenton, et il touchait du clergé, en 1636, pour prix de sa dernière métamorphose, une pension de quatre cent livres.[1]

D'autres renseignements sur l'ondoyant Pompée de Remerville nous sont fournis par un de ses petits-neveux, Joseph-François de Remerville, sieur de Saint-Quentin, auteur d'une histoire [inédite] *de la ville d'Apt depuis sa fondation jusqu'en 1660*, dont le manuscrit autographe dort dans la Bibliothèque d'Imguimbert, à Carpentras[2] (f° 696) : « Quelques personnes considérables par leur mérite parurent dans Apt sur la fin de son règne [du règne de Henri IV]. Pompée de Remereville, fils de Pierre, seigneur de Champigneules en Lorraine, et de Magdeleine de Bot, issue des anciens seigneurs

---

[1] Voir l'article déjà cité de la *France protestante*. MM. Haag se demandent si le Pompée de Remerville dont Boze annonce la conversion, est le même que l'excommunié de 1631. La chose n'est pas douteuse. M. Henri Bordier, qui donne avec tant de zèle et tant de soin une nouvelle édition refondue et augmentée de la *France protestante*, ne manquera pas d'améliorer l'insuffisant article consacré par ses prédécesseurs à la famille de Remerville.

[2] Voir la description du volume in-folio classé sous le n° 531 dans le *Catalogue des manuscrits de la bibliothèque de Carpentras*, par M. Lambert (tome I, 1862, p. 339). Sur l'auteur de l'*Histoire de la ville d'Apt*, né en 1650, mort le 4 juillet 1730, les indications pourraient être bien nombreuses : il y aurait à citer les *Mémoires de Trévoux* de juin 1707 et de janvier 1708, le *Mercure* de juin 1741, l'ample article du *Moréri* de 1759 (tome IX, page 119-120), le *Dictionnaire de la Provence et du Comté Venaissin* par Achard, le *Dictionnaire historique du département de Vaucluse* par le docteur Barjavel, etc. Mais ce qui remplace avantageusement tous ces travaux épars, c'est la savante monographie publiée par M. l'abbé Paul de Terris, vicaire général de Fréjus, sous ce titre : *Joseph-François de Remerville, Etude biographique, critique et littéraire* (Avignon, Seguin, 1884, grand in-8° de 69 p.).

de Saignon,[1] se rendit un des plus habiles hommes de son temps aux lettres latines, grecques et hebraïques, mais son savoir qui devait le garantir des surprises de l'heresie ne servit qu'à le précipiter dans l'erreur. Quand la science n'est pas accompagnée d'un esprit de soumission, elle est ordinairement plus funeste qu'elle n'est utile. Il eust neantmoins l'avantage ne ne persister pas longtemps dans son aveuglement et de rentrer avant sa mort dans le giron de l'Eglise, après un esgarement de quelques années, et finit enfin ses jours avec l'estime generalle de tous les scavans de la Province de Guyenne où par arrest de la Cour des Aides de l'an 1632 il fut déclaré exempt de tailles attendu sa qualité. »

Le petit-neveu de Pompée de Remerville dit encore (*Additions*, f° 882) que notre homme abjura «dans l'Eglise des Capucins de Bourdeaux, en présence de la reine Anne d'Autriche qui le fit coucher sur l'Estat pour mille livres de pension du Gouverneur de la Province et du duc d'Epernon. » Comme le Gouverneur de la Guyenne et Jean Louis de Nogaret n'étaient (depuis 1622) qu'un seul et même personnage, on ne peut voir qu'un *lapsus* dans la phrase où le narrateur n'admet pas leur identité.[2] Mais, après avoir si étrangement dédoublé le duc-gouverneur, il attribue par une inadvertance non moins singulière le don d'ubiquité à la reine Anne d'Autriche, et il la fait assister à la cérémonie de Bordeaux pendant qu'elle était à Paris. Ce qu'il y a de plaisant, c'est qu'il invoque sur ce point, à la marge de son manuscrit, le témoignage même de l'*Abjuration imprimée de Pompée de Remerville*, témoignage qui le condamne formellement. Du reste, comme si la fatalité s'en mêlait, une erreur plus formidable encore a été commise par le docteur Barjavel, lequel, en son *Dictionnaire de Vaucluse* (tome II, p. 314), s'exprime ainsi : « Il fit son abjuration à Bordeaux en présence d'Anne d'Autriche qui lui accorda une pension de mille livres et le nomma *Gouverneur de Guyenne* (!) *et du duc d'Epernon* (!).[3] »

---

[1] Aujourd'hui chef lieu de la commune de ce nom, situé à 4 kilomètres de la ville d'Apt. Les ruines de l'ancien château se voient encore sur le sommet de la colline qui domine le village.

[2] *L'Hérodote aptésien*, comme on a surnommé le sieur de Saint-Quentin, a probablement voulu écrire : « du gouverneur de la province, le duc d'Epernon. »

[3] On retrouve ces énormités dans un autre ouvrage du docteur Barjavel,

Il ne me reste plus, ami lecteur, qu'à te prier de faire bon accueil à la relation que je suis si content de sauver du naufrage, où peu à peu ont péri tous les autres exemplaires imprimés, il y a 255 ans, par Pierre de La Court, le rival de Guillaume Millanges.

Ph. TAMIZEY DE LARROQUE.

---

publié vingt-cinq ans plus tard : *Le xvie siècle au point de vue des convictions religieuses, principalement dans les contrées dont a été formé le département de Vaucluse* (Carpentras, grand in-8°, 1866, p. 380). Le biographe, sur ses vieux jours, n'avait pas imité Pompée de Remerville : il n'avait pas *abjuré ses erreurs*.

LA

CONVERSION

DU S^R DE REMEREVILLE

MINISTRE DE LA RELIGION

PRETENDUË REFORMÉE, AU LIEU DE

GONTAUT EN AGENNOIS

Avec la forme observée en l'abjuration de son Heresie, dans l'Eglise des RR. PP. Capucins de la present ville de Bourdeaux le 4 de ce mois de Fevrier

A BOURDEAUX

PAR PIERRE DE LA COURT

M. DC. XXIX

La Conversion du sieur de Remereville, Ministre de la Religion prétendue Réformée, au lieu de Gontaut, en Agennois.

Comme des victoires, que l'Eglise militante emporte par ses supposts sur l'Heresie l'Io et le triomphe en est au Ciel hautement entonné dans l'Eglise triomphante par tous les Ordres[1] des bienheureux : Ainsi est-il raisonnable (ames fidelles) qu'applaudissant à ces mesmes victoires, à l'exemple des celestes légions, vous en fassiez ça bas en terre, retentir aussi le triomphe : pour cet effect je vous represente en ces lignes la conqueste recente d'un Heresiarche Ministre, sçavoir du sieur de Remereville natif de la ville d'Apte en Provence, lequel ayant longues années, suyvant la fonction et charge de son ministere, presché l'Heresie au païs de Touraine[2] en Agenois, et notamment au lieu de Gontaut;[3] comme il eust advis que le R. Pere Victor de Bourdeaux Predicateur de l'Ordre Seraphique des Peres Capucins residoit au Convent de la ville de Marmande,[4] qui n'est pas beaucoup esloignée du lieu de Gontaut, et que mesmes il estoit entré en conferance de parole et par escrit auec le Ministre de Caumont en Condommois,[5] il desira le voir, pour conferer auec luy touchant la Religion, cuidant luy mieux que l'autre Ministre par ses paradoxes heresiques le convaincre, et faire preuve[6] de sa vraye et canonique doctrine : Mais comme le poisson affamé se jette auidement sur la pasture que le pescheur luy propose au bout de sa ligne, et apres se trouve prins et enferré par l'hameçon qui y est attaché

---

[1] L'imprimeur avait mis ce mot au singulier.

[2] Faute d'impression pour *Tonneins*. Le nom de cette ville, la petite Genève de l'Agenais, me rappelle la conversion d'un autre célèbre ministre protestant, le poète Jacques de Coras. Voir ce que j'en ai dit en tête de ses *Lettres inédites* (1874, in-8°).

[3] Gontaud est à 8 kilomètres de Tonneins.

[4] Marmande est à 13 kilomètres de Gontaud.

[5] Commune de l'arrondissement de Marmande, canton du Mas-d'Agenais, à 5 kilomètres du Mas, à 9 kilomètres de Marmande.

[6] Je substitue le mot *preuve* au mot *proye*, qui est une évidente faute d'impression.

et caché soubs l'appast ; De mesme le Sieur de Remereuille ayant faict tous ses efforts contre la Doctrine de ce bon religieux, il a enfin servi de prinse à l'hameçon de la vérité qu'il luy proposoit, de maniere que le Pere Victor s'estant rendu à Gontaut apres une conference privée, ce bon Religieux surnommé Victor, a sur luy obtenu les effects de son surnom, et a demeuré le vainqueur, de mesme que quelque temps auparavant de cet autre Ministre, qui apres avoir presché l'Heresie l'espace de vingt-deux ans, feut par luy converty à Saincte-Frique.[1] Mais heureuse victoire pour le Sieur de Remereville, parcequ'estant faict par icelle participant des sacrées espérances de la gloire eternelle, il a esté garenty de son infaillible perdition, qui pour toute certitude l'alloit precipitant dans les enfers : Aussi en recognoissance de ce, apres que la dureté de son cœur opiniastre luy feut r'amollie par les doux enseignemens de ce bon Religieux, et ses yeux dessillés et esclairés par les rayons de la verité, il esmeut soudain ce mesme cœur par des sanglots tres-frequents d'un repentir amer, pour pousser au dehors le venin que l'Heresie y avoit infus, et baigna ses yeux d'une abondance de larmes, pour en purger la berleüe, qui lui avoit faict mescognoistre la verité, et auec protestation de ne croire et suyure desormais que ce que ce bon Religieux luy enseignoit, promit de se rendre dans la ville de Bourdeaux pour abjurer publiquement son Heresie, et faire profession de la Religion Catholique Apostolique et Romaine, satisfaisant à laquelle promesse le Dimanche quatriesme du present mois de Fevrier dans le Conuent des Peres Capucins de la present ville, en presence de Monseigneur le Duc Despernon,[2] de plusieurs de Messieurs les Presidents et Conseillers de la Cour de Parlement, de Messieurs les Jurats, et du reste de l'Assemblée aussi grande que le pourpris de l'Eglise le peut permettre, Vespres ayant esté prealablement dictes

---

[1] Saint-Afrique, chef-lieu d'arrondissement du département de l'Aveyron.
[2] Jean-Louis de Nogaret, duc d'Epernon, était, comme je l'ai rappelé dans l'*Avertissement*, gouverneur de la province de Guyenne depuis l'année 1622. On lit dans la *Chronique Bourdeloise. Continuation* (Bordeaux, 1703, in-4°, p. 29, sous l'année 1629) : « Un ministre de Duras ayant abjuré sa religion dans l'église des Capucins de cette ville, Monsieur Despernon gouverneur, et Messieurs les Jurats assistèrent à cette ceremonie, où il se trouva une grande affluence de personnes : il declara avoir esté illuminé du Saint-Esprit

par les Peres Capucins, il fit la profession en cette maniere, sçavoir, le Pere Victor vestu de l'Aube Sacerdotale avec Estole, et le Sieur de Remereville vestu d'une robe noire vindrent au devant du grand Autel, là estant tous deux à genoux, ensemble les autres Capucins estans à l'environ, le Pere Victor pour invoquer l'assistance du S. Esprit, entama le *Veni Creator*, lequel ayant esté chanté par tous les Peres Capucins, il dict les Oraisons qui ont accoustumé d'estre dictes apres le *Veni Creator*, puis apres, conformément à ce qui est porté par le Concile de Trente, fit lire au sieur de Remereville qui estoit à genoux vers l'Autel, le Symbole des Apostres en langage François, en outre luy fit declarer qu'il abjuroit son Heresie, et professoit la Religion Catholique, Apostolique et Romaine, puis s'assit sur une chese, et discoureut sur le subject de la Conversion. comment est-ce que Dieu laissoit les pecheurs obstinez en leur aveuglement et mescreance, et esclairoit par la lumière de la verité ses esleus et predestinez ainsi et quand bon luy sembloit ; et ayant finy son discours, le sieur de Remereville qui s'estoit tourné vers l'Assemblée dès le commencement du discours du Pere Victor, estant comme auparavant à genoux, et la teste nuë, discoureut aussi sur le subject de sa conversion, traicta les principaux poincts de l'Heresie, touchant la pure parolle de Dieu, la transsubstanciation, le liberal arbitre, et l'intercession des SS. et apres avoir sur chacun poinct exposé l'opinion des Heretiques, et monstré par quelles raisons il la recognoissoit estre tout à faict erronnée, declara qu'il l'abjuroit, et possédoit la creance de l'Eglise Catholique, Apostolique et Romaine, promit d'escrire un liure, et prouver par iceluy les erreurs de la Secte par luy abjurée,[1] pour des-abuser ceux qu'il en avoit cy-devant abusé, tant au lieu de Gontaut, que mesmes au lieu de Begle pres la

---

le jour de la feste de Pentecoste, et avoir reconnu son erreur ». Le rédacteur de la *Chronique Bourdeloise* s'est trompé en nous présentant comme ministre de Duras (chef-lieu de canton de l'arrondissement de Marmande, à 24 kilomètres de cette ville) ce Pompée de Remerville si formellement désigné ici comme ministre de Gontaud ; mais peut-être le converti avait-il desservi l'église de Duras avant de desservir celle de Gontaud.

[1]. Ce livre a-t-il jamais paru ? Les auteurs de la *France protestante* ne l'ont pas connu, et aucun de nos bibliographes ne le mentionne.

present ville,[1] et auec un remerciement à Dieu de ce que par l'organe du R. Pere Victor, il luy avoit pleu luy faire entendre et recognoistre son erreur, il finit son discours, lequel fut suyvi d'un applaudissement universel de toute l'assemblée, et pour action de graces à Dieu, le Psalme *Laudate Dominum omnes gentes*, ayant esté entamé par le Père Victor, fut poursuivy et chanté par tous les Peres Capucins, mesmes par plusieurs de l'Assemblée, et la fin de ce Psalme fut aussi la fin de cette action, laquelle à la mienne volonté, puisse estre au plutost suyvie de plusieurs autres semblables, affin que l'erreur et l'Heresie cessant, le sainct nom de Dieu, qui est la verité mesme, soit universellement et unanimement adoré de tous.

---

[1] Commune de l'arrondissement et du canton de Bordeaux, à 3 kilomètres de cette ville.

Agen, Imprimerie V° LAMY, rue Saint-Antoine, 43.

www.ingramcontent.com/pod-product-compliance
Lightning Source LLC
Chambersburg PA
CBHW061615040426
42450CB00010B/2497